Widerstand der Vernunft

Susan Neiman

Widerstand der Vernunft

Ein Manifest in postfaktischen Zeiten

ecowin
SALZBURG – MÜNCHEN

MIX
Papier aus verantwortungsvollen Quellen
FSC® C083411
www.fsc.org

1. Auflage

Gesetzt aus der Minion Pro, Agenda Medium UltraCondensed

Medieninhaber, Verleger und Herausgeber:
Red Bull Media House GmbH
Oberst-Lepperdinger-Straße 11–15
5071 Wals bei Salzburg, Österreich

Satz: MEDIA DESIGN: RIZNER.AT
Printed in Germany

ISBN 978-3-7110-0154-2

Inhalt

Glatte Lügen

Am 4. Dezember 2016 packte ein 28-jähriger Mann zwei Kampfgewehre in sein Auto und fuhr 500 Kilometer von seiner Heimatstadt in North Carolina zu einem Restaurant in Washington, D. C. Das *Comet Ping Pong,* in der US-Hauptstadt für gute Pizza und Tischtennis bekannt, war vor den Präsidentschaftswahlen zum Gegenstand einer Verschwörungstheorie geworden. Demnach betrieben Hillary Clinton und ihr Wahlkampfmanager John Podesta in diesem Gebäude einen Kinderpornoring. Es hieß, in einem Keller würden Kinder gefangen gehalten und missbraucht. Als Beweise dienten von Wikileaks veröffentlichte E-Mails, in denen mehrmals von »*cheese pizza*« die Rede war. Das, so die Verschwörungstheoretiker, sei nichts anderes als ein Codewort für *child pornography*.

Die Theorie war pikant genug, um die *New York Times* am 21. November 2016 zu einem Bericht darüber zu veranlassen – mit bemerkenswerten Folgen. Der Artikel wurde von den Anhängern der Theorie als Beweis dafür betrachtet, dass die sogenannte »Lügenpresse« unter Druck stand und damit versuchte, den Pornoring zu beschützen. Statt weniger verschwörungstheoretische Berichte erschienen nun noch mehr. Eine Website nahm den Artikel aus der *New York Times* Satz für Satz kritisch auseinander. Indem er sich dabei den Anschein der Vernunft gab, gelang es dem anonymen Autor, die Vertrauenswürdigkeit der wichtigsten Zeitung Amerikas in Zweifel zu stellen. Gab es etwa keine Kindersklaverei auf dieser Erde? Hatte die katholische Kirche nicht jahrelang versucht, pädophile Priester vor der Öffentlichkeit und der Justiz zu schützen? Und hatte die BBC sich nicht geweigert, ihren Publikumsliebling Jimmy Saville selbst dann nicht zu überprüfen, als sich immer mehr Beweise dafür häuften, dass er im Lauf seiner Karriere Hunderte von Kindern missbraucht hatte?

Schon eine knappe Stunde verbrachter Zeit auf solchen Websites genügt, um einen nachdenklichen Leser zur Verzweiflung zu bringen. Viele der anonym schreibenden Autoren geben sich hier einen seriösen Anstrich. Forscher und Experten werden zitiert, Bilder analysiert, herzzerreißende Interviews mit schönen Mädchen, die angeblich von ihren Großmüttern als Sexsklavinnen verkauft wurden, vorgeführt. Sogar die Fragen nach der Plausibilität eines Befunds werden regelmäßig von den Autoren selbst gestellt: »Ich weiß, es klingt verrückt, aber je mehr ich forschte, desto deutlicher wurde es ...« Die Art und Weise der Beweisführung erscheint auf den ersten Blick dermaßen überzeugend, dass es kaum überrascht, wenn Millionen von Menschen offensichtlich sogar Theorien glauben, wonach Michelle Obama ein Mann, Barack Obama schwul und ihre Kinder adoptiert seien.

Angesichts des Wirrwarrs, das im Internet zu finden ist, hat Edgar Maddison Welchs Mission fast etwas Rührendes. »Ich wollte selbst herausfinden, was an der Geschichte wahr war.« Schade nur, dass er dafür mit seinem Maschinengewehr im Anschlag in das Restaurant eindrang. Allerdings verhielt er sich relativ besonnen: Statt wild um sich zu schießen, feuerte er nur auf ein Türschloss, das zum Keller führte. Nachdem er sich vergewissert hatte, dass hier unten keine Kinder gefangen gehalten wurden, ließ er sich widerstandslos festnehmen. Tage später beteuerte er vom Gefängnis aus: »Ich wollte nur Gutes tun, aber irgendwie ist es schiefgelaufen.« Als der Vorfall durch die Nachrichten ging, verbreiteten einige Unbelehrbare die Meldung, dass Welch ein Schauspieler sei, bezahlt von den liberalen Medien, um Theorien wie jene vom Kinderpornoring zu diskreditieren.

Diese Tat veranlasste Papst Franziskus zu einer Kritik, die noch schärfer ausfiel als seine bisherigen scharfen Botschaften. In einem Interview mit dem belgischen Magazin *Tertio* sagte er: »Die Medien sollen klarer und transparenter sein und nicht, entschuldigen Sie den Ausdruck, in eine Koprophilie verfallen, die stets bereit ist, Skandale und widerliche Dinge zu verbreiten. Da die Menschen dazu tendieren, an Koprophagie zu leiden, kann das sehr gefährlich sein.« Wer hätte gedacht, dass der Papst den Terminus technicus für »Scheiße fressen« kennt, den wir Normalsterblichen erst einmal nachschlagen müssen? Doch Welchs Tat war unter denen, wo Falschmeldungen oder *fake news* sehr reale Folgen hatten, die harmloseste.

Bei einem anderen Fall gab es neun Tote. Nachdem der 21-jährige Dylann Storm Roof rassistische Websites verschlungen hatte, auf denen verkündet worden war, dass Hunderte von weißen Frauen täglich von Afroamerikanern vergewaltigt würden, erschoss er 2015 neun Kirchgänger in Charleston, South Carolina, um einen Rassenkrieg anzuzetteln. Nach seinem Prozess, in dem er sich ausdrücklich weigerte, seine Tat zu bereuen, wurde Roof zum Tod verurteilt.

Politisch noch folgenreicher waren die *fake news,* die Donald Trump produzierte, als er sich zum ersten Mal in die Politik wagte: Als Anführer der sogenannten »Birther-Bewegung« behauptete er, Barack Obama sei nicht in den USA geboren und folglich nicht berechtigt, US-Präsident zu sein. Auch wenn die Beliebtheitswerte Obamas am Ende seiner Amtszeit fast doppelt so hoch wie jene seines Nachfolgers waren, trug die Birther-Bewegung dazu bei, dass ein Teil der Nation Obama immer noch als unamerikanisch und illegitim abschrieb – und alles dafür tat, dass er möglichst wenig politisch umsetzen konnte.

Noch mehr Leid produzierten die Nachrichten, dass Saddam Hussein Massenvernichtungswaffen besitze. Diese Meldungen wurden ohne ernsthafte Prüfung von vielen renommierten Medien verbreitet. Später hat sich die *New York Times* öffentlich dafür entschuldigt; die Verantwortlichen der Bush-Regierung haben nicht einmal das für nötig gehalten. Über die Zahl der irakischen Toten gibt es noch keine verlässliche Auskunft, und die Folgen des Irakkrieges wirken bis heute nach. Wäre der sogenannte »Islamische Staat« (IS) ohne diesen Krieg entstanden?

So grausam der anhaltende Terrorismus auch ist, es gibt noch tiefgreifendere Folgen des Irakkrieges. Lügen wird immer mehr zur Normalität, das Vertrauen immer weiter zerstört, und dieser Vertrauensverlust wird wiederum für weitere Lügen ausgenutzt. Als die CIA berichtete, dass russische Hacker 2016 in die US-Wahlen eingriffen, um Trump zum Sieg zu verhelfen, konnte dieser den Bericht höhnisch abweisen: »Das sind dieselben Leute, die sagten, Saddam Hussein hätte Massenvernichtungswaffen.« Berechtigtes Misstrauen zu missbrauchen, um allgemeines Misstrauen so weit zu verbreiten, dass keinen seriösen Untersuchungen mehr geglaubt wird – dies ist eine Taktik, die jede Form der Gemeinschaft unterhöhlt. Denn jede Gemeinschaft setzt eine gemeinsame Wirklichkeit voraus, deren Existenz von Trumps Sprechern aber geleugnet wird. Inzwischen meinen mehrere Kritiker, die Strategie sei bewusst gewählt worden: Die permanente Verbreitung von offensichtlichen Lügen diene dazu, Gegner zu verwirren. Psychologen nennen diese Strategie *Gaslighting.* Sie zielt darauf ab, ihr Objekt in den Wahnsinn zu treiben.

Natürlich haben frühere Politiker immer wieder Fakten unterschiedlich interpretiert, um ihre eigenen Positionen zu unterstützen. Es geht aber nicht mehr um Interpretationen: Trumps Sprecherin Kellyanne Conway will uns Lügen als »alternative Fakten« verkaufen. Kurz nach Trumps Wahl wurde George Orwells Roman *1984* zur Nummer eins auf der Amazon-Bestsellerliste. Allerdings loben die eigenen Anhänger Trumps Authentizität – »*He tells it like it is*« –, während sie Hillary Clinton als unauthentisch erleben. Aber Authentizität, wie schon Adorno in *Jargon der Eigentlichkeit* lehrte, hat weder mit Fakten noch mit Wahrheit zu tun. Bei Authentizität geht es um einen Stil, der Glaubwürdigkeit erzeugt, selbst wenn die Tatsachen frei erfunden sind. Ein Mann, der seine Worte absichtlich ohne Vorsicht wählt und bewusst gegen herrschende Konventionen spricht, scheint Klartext zu reden, auch wenn die Aussagen nur Unklarheiten erzeugen.

Als das *Oxford English Dictionary* »*post-truth*« zum Wort des Jahres 2016 erklärte, schnell gefolgt von der Gesellschaft für deutsche Sprache, die die Variante »postfaktisch« bevorzugte, legten Journalisten in beiden Ländern sofort Protest ein. Sie zählten Beispiele von historischen Falschmeldungen auf, die bewusst verbreitet wurden, um Bürger zu manipulieren. Dass Politiker lügen, um ihre Macht durchzusetzen, ist schließlich nichts Neues. Die Lügen, die zum Irakkrieg führten, sind nur jüngere Beispiele dafür. Spätestens nach der Veröffentlichung des *Downing Street Memo* wussten wir, dass wir angelogen wurden. Als die *Pentagon Papers* die Lügen des Vietnamkrieges offenbarten, waren die meisten Leser noch schockiert. Bei den Enthüllungen der Lügen des Irakkrieges gab es nur noch Wut, aber der Schock hat deutlich nachgelassen. Heute nähern wir uns dem Punkt, wo selbst die Wut zu verschwinden droht. Der Mensch gewöhnt sich an alles, was öfter wiederholt wird. Entrüstung ist ja schließlich anstrengend.

Ist unsere jetzige Lage also neuartig genug, um ein neues Zeitalter danach zu benennen? Neu ist nicht nur die Tatsache, dass jeder, der einen Facebook-Account hat, Lügen streuen kann, sodass die schiere Quantität der Meldungen eine Prüfung der Qualität unmöglich macht. In der Facebook-Nacht sind alle Kühe schwarz: Kommt eine Meldung von einem Klimaforscher oder von einem, der die Klimawandlung abstreitet, sie sehen gleich aus. Wer hat schon die Zeit, jede Quelle zu prüfen?

Aber noch viel wichtiger – und tatsächlich neu – ist die Abwesenheit jeglichen Bezugs zur Wirklichkeit. Frühere demokratische Politiker waren bemüht, ihren Lügen den Anschein der Plausibilität zu verleihen. Als Bill Clinton behauptete: »Ich hatte keinen Sex mit der Frau«, konnte er auf eine Tradition zurückgreifen, in der Oralverkehr nicht als Geschlechtsverkehr gilt. Auch wenn es die Kritiker der Lewinsky-Affäre nicht befriedigte, schien es ihm wichtig, sein eigenes Selbstbild zu wahren.

Bei Trump spielt der Anschein von Redlichkeit keine Rolle mehr. Seine Gleichgültigkeit der Wahrheit gegenüber wurde nicht nur durch die Anzahl, sondern ebenso durch die Geschwindigkeit seiner Lügen bewiesen. An manchen Tagen dementiert er innerhalb von Stunden Behauptungen, die in aller Öffentlichkeit aufgenommen wurden. So konnte er sein Kabinett mit Milliardären aus der Finanz- und Ölindustrie füllen, nachdem er im Wahlkampf verkündet hatte, Washington von Korruption zu befreien. In seinem Fall muss das Wort »unverschämt« wortwörtlich verstanden werden: Dem Mann fehlt es völlig an Schamgefühlen.

Noch ominöser war seine Weigerung der Sicherheitsbesprechungen, die jedem gewählten Präsidenten auch vor der Amtseinführung zur Verfügung stehen. Die streng geheim gehaltenen Besprechungen umfassen tägliche Berichte aus 16 Ämtern, die die Sicherheit der USA verantworten. Neue Präsidenten haben sie genutzt, um sich über Gefahren und Strategien zu informieren, die Normalsterbliche nicht erfahren. Obwohl Trump Zeit dafür fand, Schauspieler zu kritisieren, hatte er kein Interesse, an den täglichen Sicherheitsbesprechungen teilzunehmen. »Ich bin klug genug«, sagte er denjenigen, die ihn dafür kritisierten. Dem mächtigsten Mann der Welt sind selbst die *Gefahren* der Wirklichkeit egal.

Wie konnte es dazu kommen, dass ein solcher Mann gewählt wurde? Wir dürfen nicht vergessen, dass er nur wegen der Besonderheiten des US-Wahlsystems ins Amt kommen konnte, weil Hillary Clinton fast drei Millionen Stimmen mehr erhielt. Die Hälfte der Wahlberechtigten suchte gar nicht das Wahllokal auf, da sie keinen der beiden Kandidaten akzeptabel fand. Diese Zahlen mögen zwar helfen, bestimmte Vorurteile gegen die USA abzubauen, ändern werden sie allein nichts. Im Jahr 2000 hatte George W. Bush die Wahl wegen einer halben Million Stimmen verloren, kam trotzdem ins Amt und hat reichlich Schaden angerichtet, die die Welt noch belasten.

Die Vorstellung, dass Trump einem Wahlsieg so nahe kommen könnte, schien absurd – und stellte die Hauptursache dafür dar, dass seine Kandidatur bis zum Schluss so wenig ernst genommen wurde. Ein Drehbuch, in dem ein derart ignoranter, geldgieriger, verlogener Narzisst ins Weiße Haus gelangt, hätte jeder Produzent abgelehnt, denn es wäre nicht einmal eine Komödie, sondern eine Farce geworden, wenn nicht grobe antiamerikanische Propaganda. Anders ausgedrückt: Auch diejenigen, die an peinliche Verwandte bei Familienfeste gewöhnt sind, müssen sich für Donald Trump fremdschämen. Und wenn der Onkel nicht aufhört, über seine Größe zu reden – die Größe seiner Türme, seiner Kundgebungen, seiner Geschlechtsorgane – man würde ihm möglichst psychiatrische Hilfe organisieren. Doch es ging nicht um Weihnachtsessen, sondern um Wahlkampf, und halb erschrocken, halb amüsiert folgten Millionen der Show Die traditionellen Medien druckten ihr Vergnügen daran aus. Satirische Journalisten freuten sich über die Erleichterung ihrer Arbeit, da Trumps Verhalten selbst immer an Satire grenzt. Der Chef des CBS-Fernseh-Networks freute sich über die Einschaltquoten: »Mag sein, dass er für Amerika schlecht ist, aber für CBS ist er gut.« »Wütende Menschen klicken viel«, meinte ein Website-Betreiber.

Öffentlich geförderte Medien sind in Amerika Kleinstbetriebe. Weil die Medien immer auf Gewinn ausgerichtet sind, kann jeder dieser Zirkusveranstalter von ihnen profitieren. Je absurder der Clown, je schwindelerregender der Artist, desto größer die Aufmerksamkeit. So können wir nicht den *fake news* die Schuld für Trumps Wahlsieg geben. Deren Fälschungen über Clinton und Obama haben sicherlich geholfen, doch die wahren Meldungen waren entsetzlich genug. Welcher Kandidat hat je behauptet, er könne jemand auf der Straße erschießen, ohne einen einzigen Wähler zu verlieren? Und wurde dann doch gewählt?

Armut und Rassismus: Wahrheiten und Lügen

Nach den verbreiteten Analysen der Trump-Wähler ist Edgar Maddison Welch, der die Meldungen über das Pizza-Restaurant glaubhaft genug fand, um eine sechsstündige Fahrt in Kauf zu nehmen, ein *Angry White Man* wie aus dem Bilderbuch. Außer zwei kleinen Töchtern, die er nach der Trennung von deren Mutter allein aufzieht, ist ihm nichts im Leben gelungen. Für Verkehrsunfälle und Drogenkonsum ist er verurteilt worden, Lehre und Studium hat er abgebrochen. Auf seinem Rücken ist ein langes Bibelzitat eintätowiert, seine Facebook-Seite zeigt ihn mit Maschinengewehr. Trotz seines zärtlichen Gesichtsausdrucks erfüllt er den Mythos des wütenden, armen Verlierers, dessen Interessen von den Eliten vernachlässigt wurden. Solche Menschen waren in einer Vielzahl auf Trumps Kundgebungen zu sehen, doch Edgar Maddison Welch gehörte trotzdem nicht dazu. Nach eigenen Angaben hatte der Republikaner Welch diesmal weder Trump noch Clinton gewählt.

Es ist äußerst bequem, verlorenen Menschen wie Welch die Schuld für Trumps Wahlsieg zu geben. Menschen wie Sie und ich sind dann daran unschuldig. Trotzdem machten solche Gestalten nur die Hälfte der Trump-Wähler aus. Die Daten sind deutlich. Die Ärmsten haben für Clinton gestimmt, während die Hälfte aller Trump-Wähler Jahreseinkommen über 100.000 Dollar haben. Auch der Bildungshintergrund spielte dabei keine wesentliche Rolle: Unter weißen Wählern mit Hochschulabschluss haben 49 Prozent für Trump gestimmt; 45 Prozent votierten für Clinton; die übrigen sechs Prozent haben ihre Stimme für eine hoffnungslose Partei vertan. Auch in Deutschland ist es ein Mythos, dass die AfD-Anhänger zu den Globalisierungsverlierern gehören. Selbst wenn wenige von ihnen das Lebensniveau von Alexander Gauland genießen, gehören die meisten ihrer Unterstützer nicht zum Prekariat.

Aber selbst wenn wenige, die Trump oder Petry wählen, auf Sozialhilfe zurückgreifen müssen, fühlen sich viele von ihnen prekär. Noch können sie ihre Miete bezahlen, doch was wird übermorgen passieren? Die Angst, dass ihr Wohlstand verschwinden könnte, ist heutzutage berechtigt. Im Vergleich zu den USA hat Deutschland – dank starker Gewerkschaften und Solidaritätsgewähr – relativ wenige Arbeitsplätze im

Zuge der Globalisierung verloren. Doch ist es absehbar, dass sowohl die fortschreitende Globalisierung als auch die zukünftige Automatisierung in Deutschland Arbeitslosigkeit produzieren werden. Diese Tendenzen treffen künftig nicht nur Fabrikarbeiter, sondern auch Akademiker: In den USA werden zum Beispiel schon jetzt viele juristische Verträge, die vor zehn Jahren von gutbezahlten Rechtsanwälten gemacht wurden, einwandfrei in Bangalore ausgearbeitet.

Das gefühlte Prekariat entstammt also realen Wandlungen in der globalen Gesellschaft. Täglich wird es dabei von einer Wirtschaft unterstützt, die auf wachsendem Konsum aufgebaut ist. Ständig wird die Unzufriedenheit mit den eigenen materiellen Verhältnissen von jeder Richtung gefördert. Heute können Sie Ihre schöne Wohnung bezahlen, vielleicht auch ein Eigenheim kaufen. Doch die Medien führen ständig die Luxusferienwohnungen von Prominenten vor. Warum sollte es Ihnen nicht gelingen, auch in solche Höhen aufzusteigen? Wie jeder Werbeagent erzählen kann, werden jährlich Milliarden ausgegeben, um Neid zu produzieren. Denjenigen, die nicht wissen, wie viel psychologische Klugheit in diese Produktion investiert wird, sei Adam Curtis' brillante Filmreihe *The Century of the Self* empfohlen. (Die Filme des BBC-Journalisten sind kostenlos im Internet zu sehen.) Wer es dennoch schafft, nicht besonders neidisch zu werden, muss trotzdem immer weiter konsumieren. Im Durchschnitt wird der Computer nach vier Jahren nicht mehr rechnen, das Smartphone hält noch weniger aus. Seit 1924 gehört die geplante Obsoleszenz zum Wesen des Kapitalismus. Damals hat eine internationale Vereinigung großer Elektrounternehmen entschieden, die Lebensdauer einer Glühbirne von 2500 auf 1000 Stunden zu reduzieren. Das frühere Ziel guter Handwerker, Güter herzustellen, die möglichst lange halten, fing an zu bröckeln. Heute gehen wir einfach davon aus, dass alles, was wir benutzen, kurz nach der Garantiezeit kaputt geht. Wen soll es da wundern, dass auch wohlhabende Menschen Gefühle der Prekarität entwickeln? Heute habe ich ein warmes Zuhause, genug zu essen, Zugang zur Arbeit und Welt. Was passiert, wenn Heizung, Kühlschrank und Computer gleichzeitig ersetzt werden müssen?

Ich bin keine Marxistin. Die Tücken der heutigen Wirtschaft erklären nicht alles, was in den Wahlkabinen stattfindet. Beim Brexit, bei Trump und bei der AfD handelt es sich um unterschiedliche Phänomene, und ich warne vor vorschnellen Erklärungen. Es geht um komplexe Strukturen, deren Analyse noch lange dauern wird.

Ich will dennoch auf eine historische Parallele hinweisen. Der Aufstieg der Nazis wurde oft als Reaktion des Pöbels beschrieben: »Die armen Abgehängten, die durch Arbeitslosigkeit und Inflation alles verloren hatten, während die liberalen Eliten in Weimar feierten.« Aber jeder gebildete Deutsche weiß, dass diese Erklärung schlicht falsch ist, denn auch viele Akademiker sind der NSDAP beigetreten. Einige haben das getan, weil sie Nazideutschland als Bollwerk zwischen dem russischen Bolschewismus auf der einen und dem angloamerikanischen Utilitarismus auf der anderen Seite erhofften. Weitere handelten aus purem Opportunismus. Weder Reichtum noch Bildung schützt vor rassistischer, antidemokratischer Gesinnung.

Die Frage der Legitimität von Faschismus-Vergleichen beschäftigte die US-Medien schon Monate vor Trumps Wahlsieg. Mit Recht wies Noam Chomsky darauf hin, dass der Begriff »Faschismus« normalerweise mit einem kohärenten, wenngleich abscheulichen Programm verbunden ist, während Trump an nichts außer sich selbst glaubt. Außer seiner eigenen Person scheint er nur zweierlei zu schätzen: Gold – nicht einmal Geld, sondern Gold, das er für seine Sanitäranlagen und Aufzüge benutzt; und langbeinige, großbusige Blondinen. Sein Narzissmus ist atemberaubend; gefragt nach Vorbildern, redet er nur konfus über sich selbst. Aber auch wenn man umsonst nach faschistischen Glaubensbekenntnissen sucht, werden faschistische Tendenzen immer deutlicher: Im Schüren latenter Ängste, in der offenen Verachtung und der Bedrohung von Presse-, wissenschaftlichen und kulturellen Einrichtungen sowie in der öffentlichen Androhung von Gewalt zeigen sich deutliche Anzeichen einer Annäherung an faschistische Tendenzen.

In einem wichtigen, 1995 erschienenen Aufsatz hat Umberto Eco die Unterschiede zwischen traditioneller Rechtsreaktion und dem, was er Urfaschismus nannte, ausgearbeitet. Urfaschismus, so schrieb er, hält jede Menge Widersprüche aus, ohne zu versuchen, etwas daraus zu lernen. Jeglicher Modernismus wird abgelehnt: »Die Aufklärung, das Zeitalter der Vernunft, wird als Anfang der modernen Verdorbenheit gesehen. In diesem Sinn ist Urfaschismus *Irrationalismus*.« Für Urfaschismus ist Denken unmännlich und Kultur suspekt. Andere Meinungen werden als Verrat empfunden. Urfaschismus, nach Eco, ist rassistisch, nationalistisch und auf externe Feinde gerichtet. Er versteht das Leben selbst als permanenten Krieg, aber: Weil permanenter Krieg und Heroismus schwierige Spiele sind, wandelt der Urfaschist seinen Willen zur Macht ins Sexuelle um. So entsteht *Machismo* (der sowohl Frauenverachtung als auch Intoleranz für unkonventionelle Sexualität beinhaltet). Der Urfaschismus bietet einen *populären Elitismus* an: Jeder Bürger gehört dem besten Volk der Welt an. In einer unheimlich vorausschauenden Passage schließt Eco:

> »Alle Nazi- bzw. faschistischen Schulbücher benutzen eine verarmte Form von Wortschatz und Grammatik, um die Instrumente für komplexes, kritisches Denken zu begrenzen. Doch müssen wir bereit sein, andere Formen von *Newspeak* zu erkennen, sei es auch in Form einer anscheinend harmlosen *Talkshow*.«

Allerdings gibt es noch einen entscheidenden Unterschied: Faschisten setzten Gewalt ein, um ihre Ziele zu erreichen. Obwohl nur das US-Militär ihn davon abhalten konnte, sich mit einer militärischen Parade bei seiner Amtseinführung zu brüsten, hat Trump noch nicht offen zur Gewalt gegen die Opposition gegriffen. Ob das noch beim Druck dieser Zeilen gilt, kann ich nicht voraussagen. Allerdings ist es weiterhin möglich, dass Trump wegen seiner beispiellosen Korruption – Bertolt Brechts literarische Figur des Arturo Ui lässt grüßen und uns erschrecken – davor sein Amt verliert.

Täglich wird uns erzählt, dass wir international vernetzt sind. Dennoch sind auch gebildete

Menschen überraschend uninformiert, wenn es um andere Länder geht. Als 2016 sechs Wochen bezahlter Mutterschaftsurlaub endlich auf den US-Parteiprogrammen stand, wusste keiner meiner amerikanischen Kollegen, dass in Deutschland 16 Monate bezahlt werden, wenn beide Elternteile daran teilnehmen. In den USA gibt es immer noch keinen bezahlten Mutterschaftsurlaub – an Väter wird nicht einmal gedacht. Selbst sechs Monate hielten die amerikanischen Kollegen dafür für utopisch.

Ebenso glauben bei uns viele Menschen, die keine amerikanischen Nachrichten verfolgen, dass Donald Trump ein großer Geschäftsmann sei. Über seine vielen Bankrotterklärungen und seine wiederholten Schwindeleien gegenüber Partnern und Mitarbeitern wurde wenig berichtet. Etliche haben auch nicht jene Bilder gesehen, die nach den Präsidentschaftswahlen aus Washington kamen, als ein Sprecher der Rechtsradikalen seine Rede mit den Worten »Heil Trump! Heil Sieg!« beendete und ihm mehrere ausgestreckte Arme im Hitlergruß entgegengestreckt wurden.

Als amerikanische Jüdin, die seit Jahrzehnten in Berlin lebt, gehe ich nie leichtfertig mit derartigen Vergleichen um. Dass sie in diesem Fall gerechtfertigt sind, zeigten nicht nur die Hakenkreuze, die nach dem Wahlsieg in verschiedenen amerikanischen Orten erschienen, sondern auch die Arbeit des umstrittenen Chefstrategen im Weißen Haus. Ich nenne Steve Bannon *Goebbels digital,* denn er machte sich einen Namen als Direktor von *Breitbart News*, einer Website, die auf rechtsradikale Lügen in klug verpackter Form spezialisiert ist und demnächst Büros in Paris, Berlin und Amsterdam eröffnet. Einen Vorgeschmack davon bekam Deutschland schon im Januar 2016, als *Breitbart* meldete, eine Kirche in Dortmund sei von 1000 Männern, die »Allahu Akbar!« riefen, in Brand gesteckt worden. Der Bericht war frei erfunden.

Ein weiteres Beispiel für die Haltung der *Breitbart News* konnte man 2015 nach der Ermordung von neun Kirchgängern in Charleston erleben. Als die Debatte um die Beibehaltung der Fahne der Südstaaten entbrannte, warb Bannon dafür: »Seid stolz darauf! Zeigt eure Fahnen!« – Das wäre ungefähr so provozierend, als würde jemand nach der NSU-Mordserie in Deutschland dafür plädieren, Hakenkreuzfahnen wieder einzuführen.

Aber dieses Gedankenspiel funktioniert nicht. Nur die schlimmsten Alt-Nazis in Bayern oder Sachsen würden sich trauen, Hakenkreuze als Reaktion auf rassistischen Mord zu preisen. Und das liegt daran, dass in Deutschland über die

Jahrzehnte eine Vergangenheitsaufarbeitung stattgefunden hat, die in den USA weitgehend fehlt. Die Deutschen haben aufgehört, sich als die Hauptopfer des Krieges zu verstehen, und haben sich mit dem Leid der anderen beschäftigt. Entgegen den Behauptungen gewisser AfD-Anhänger ist dies kein Grund für Scham, sondern für Stolz. In den letzten Jahrzehnten hat Deutschland den Mut gefunden, seinen eigenen Verbrechen und Verfehlungen ins Gesicht zu sehen, und daraus zu lernen. Kein anderes Land hat eine vergleichbare Leistung erbracht, und Deutschland wird dafür weltweit respektiert. Es gibt zwar auch solche Ansätze in den USA – vielleicht am intensivsten in Mississippi, einst der Bundesstaat der meisten Lynchmorde. Aber diese Ansätze sind weit davon entfernt, tief in die Bevölkerung durchzudringen.

Denn der Rassismus hat eine gewaltige Rolle in den US-Wahlen 2016 gespielt. Auch wenn eine Mehrheit der Amerikaner den scheidenden Präsidenten Obama verehrt, ist der Rassismus nicht trotz, sondern wegen acht Jahren Obama gestiegen. Eine laute Minderheit hegt Hass gegen ihn, der seine beiden Amtsperioden begleitet hat. Anfang September 2009, noch bevor dieser Hass sein ganzes Ausmaß zeigte, kündigte der damals neue Präsident eine Rede zum Schulanfang an – eine Tradition, die Ronald Reagan und der ältere Bush schon gepflegt hatten. Die Rede sollte in einer Oberschule in Virginia gehalten und an die Nation gesendet werden. Daraufhin folgte die Drohung von Millionen Anhängern der *Tea Party:* Sie würden ihre Kinder lieber zu Hause behalten, als sie mit dieser sozialistischen Propaganda beschallen zu lassen. Nach längeren Verhandlungen bot der Präsident eine Vorveröffentlichung der Rede an. Wie jeder Leser seiner Autobiografie schon geahnt hatte, erzählte Obama darin, dass seine Mutter ihn täglich um 4.00 Uhr morgens weckte, um ihm zusätzliche Englischstunden zu geben, die in den indonesischen Schulen nicht Teil des Lehrplans waren. Die Rede wurde schließlich gehalten, die Proteste vertagt.

Doch wenn die Opposition ihn schon daran hindern wollte, Schulkinder zum Lernen zu ermuntern, wie sollte er dann politische Unterstützung für die Schließung Guantanamos bekommen? Denn Obamas wiederholte Versuche, das Gefängnis auf Kuba zu schließen, scheiterten stets an der Weigerung aller US-Bundesstaaten, die Insassen in ihren Gefängnissen aufzunehmen. Obamas Ansicht, dass Guantanamo mehr Terroristen produziert, als es verhindert, erhielt keine politische Zustimmung. So erntete Obama im Ausland Kritik, obwohl nur eine Handvoll der über 100 gefragten Länder dazu bereit waren, selbst Insassen unterzubringen. Vor allem die Deutschen, die Obama für die Aufrechterhaltung von Guantanamo kritisieren, sollten inzwischen Verständnis für Obamas damalige politische Lage haben: Der Terrorist, der im Dezember 2016 zwölf Berliner ermordete, war dem Bundesnachrichtendienst suspekt, konnte aber ebenfalls nicht abgeschoben werden, weil kein Land bereit war, ihn aufzunehmen.

Was sind die Gründe für den Hass, der Obama entgegenhallt? Angesichts der Anmut und Würde, die seine Familie während acht langer Jahre auszeichneten, ist es schwer zu verstehen, dass rassistische Karikaturen, die ihn, seine Frau und seine Töchter als Affen darstellen, im Internet grassieren. Eine mögliche Antwort gab schon Frederick Douglass, der große Kämpfer gegen die Sklaverei, der selbst als Sklave geboren wurde: Bleibt der Schwarze unterdrückt, wird er toleriert; erst sein Aufstieg treibt die Rassisten zur Wut.

Noch ein Faktor spielt eine Rolle, vor allem im Süden der USA, wenn auch nur halbbewusst. Dort wird der Rassismus von der Idee, dass schwarze Männer stets weiße Frauen begehren, immer wieder ernährt. (Diese Angstfantasie hatte allerdings eine sehr realistische Kehrseite: Millionen von schwarzen Frauen wurden tatsächlich von weißen Sklavenhaltern vergewaltigt, wie an ihren Nachkommen deutlich zu sehen ist.) Barack Obama war nicht nur der erste afroamerikanische Präsident der USA. Mit seinem sehr dunklen Vater aus Kenia und seiner sehr hellen Mutter aus Kansas ist er selbst die Projektion der rassistischen Albträume. So gibt es viele Tea-Party-Anhänger, die ihn als den Antichristen betrachten.

Eine weitere Erklärung gab mir ein afroamerikanischer Bürgerrechtler aus Mississippi. »Sie haben Angst vor Rache«, sagte er über seine weißen Nachbarn. »Sie wissen ja schon, was sie den Schwarzen im Lauf der Geschichte angetan haben. Wenn einer endlich an die Macht kommt, glauben sie, er wird's ihnen heimzahlen.« – »Seit sieben Jahren gab's doch nichts davon!«, erwiderte ich. Wir saßen im März 2016 in Jackson. »Außerdem war seine Mutter weiß!« – »Macht nichts«, antwortete der Bürgerrechtler, »Amerika hat eine Rachekultur.«

Vielleicht ist der wichtigste Grund des Hasses, der gegen Obama gerichtet wurde, auch der einfachste. Die Obamas widerlegten jedes rassistische Klischee; damit wurde jede Rechtfertigung des Rassismus unterminiert. Sind die Schwarzen dümmer als Weiße? Fauler? Unehrlicher? Unsittlicher? – Wie bitte? – Vor den Augen der Welt wurde auf einmal jeder Versuch, den Rassismus zu legitimieren, bloßgelegt. Wenn man nicht mehr fiktive Unterlegenheit als Diskriminierungsgrund benutzen kann, was bleibt denjenigen, die weder Obamas Intellekt noch Charakter besitzen, sondern nur noch ihre weiße Haut? Es liegt nicht fern, Donald Trump als Rache für Obama zu verstehen: Zwei unterschiedlichere Personen sind kaum vorstellbar. Nach dem Jura-Professor, der das Grundgesetz lehrte, folgt ein Mann, der behauptet, der Präsident stehe über jedem Gesetz. Auf jenen Mann, der als Leser, Autor und Redner brilliert hat, folgt ein Mann, der bekanntlich als Erwachsener nie ein Buch gelesen hat. Nach dem Mann, dessen Gleichmut ihm den Spitznamen »No Drama Obama« eingebracht hat, folgt ein Mann, der so ungebremst auftritt, dass seine Mitarbeiter seinen Twitter-Account in den letzten Tagen der Wahlkampagne blockiert haben – um zu verhindern, dass er sich selbst mit wütenden Tweets schadet.

Diejenigen, die noch Hoffnungen hegten, Trump würde nach der Kampagne zum vernünftigen Politiker mutieren, wurden spätestens bei der Amtseinführung enttäuscht. Die erste Tat seiner Regierung war die Löschung der Websites für Klimaänderung und Bürgerrechte im Weißen Haus. Die *Washington Post,* die nicht gerade für linkslastige Artikel bekannt ist, nannte sein Kabinett »das schlechteste der Geschichte« und führte weiter aus: »Noch nie hat ein Präsident eine derartige Ansammlung von Personen berufen, die entweder für ihre Ämter unqualifiziert oder dazu entschlossen sind, ihre Ministerien zu zerstören, oder beides« – auf deren ethische Interessenkonflikte muss man gar nicht erst eingehen. Später bestätigte Bannon, dass dies kein Fehler war, sondern Absicht. Die Minister werden nach dem Kriterium »endloser Kampf für die Dekonstruktion des administrativen Staates« ausgesucht. Trumps Antrittsrede enthielt nicht einmal den Anschein der Versöhnung – und sein Auftritt am Vortag war vielleicht noch symbolischer: Der Gang durch das Lincoln Memorial wurde von dem Rolling-Stones-Lied »Heart of Stone« begleitet, ein Loblied der Herzlosigkeit, das schon 1965 aggressiv frauen- bzw. menschenfeindlich gewirkt hatte.

Schlimm genug, dass das – noch – mächtigste Land der Welt von einem rechtsradikalen Gauner regiert wird. Noch schlimmer ist, dass sein Sieg die europäischen Rechtsnationalisten ermutigt. Gleich nach Trumps Vereidigung feierten Geert Wilders, Marine Le Pen, Frauke Petry und Gleichgesinnte in der deutschen Kleinstadt Koblenz. Der niederländische Politiker ahmte dabei sogar die Zahlenverachtung der neuen amerikanischen Regierung nach; wie Trumps Pressesprecher behauptete er, bei der Veranstaltung wären viel mehr Befürworter als Protestler, obwohl Polizeiangaben genau das Gegenteil bewiesen. Wilders' Wahlniederlage mag ein Zeichen dafür sein, dass zwei Monate Trump gereicht haben, um den Europäer zu zeigen, wohin der Nationalismus führt, doch die Gefahr bleibt vorhanden.

Gerechte Geschichtsbilder

Die *fake news*, die Edgar Maddison Welch und Dylann Storm Roof zu Handlungen verleiteten, sind verhältnismäßig trivial. Der Boden dafür wurde seit Jahren von seriösen Quellen vorbereitet. Dass *fake news* zum Tod von Hunderttausenden Irakis führten, wird heute kaum bestritten. Was noch etwas länger zurückliegt, verschwimmt dagegen im Nebel. Bereits ein Blick auf die letzten 30 Jahre offenbart eine allgemeine Geschichtsvergessenheit. Nehmen wir ein Beispiel, das viele seit der Trump-Wahl als Trost anbieten: Obwohl die Wahl des Schauspielers Ronald Reagan damals die Welt schockierte, wurde seine Amtszeit nicht so schlimm wie allgemein befürchtet. Doch dieser Trost ist vorschnell. Es wäre schon ein Gewinn, wenn der Wahlsieg Trumps die Heiligsprechung von Reagan infrage stellen würde. Vergessen wird nämlich inzwischen, dass Reagan der Erste war, der die Grenzen zwischen Politik und Entertainment verwischte – mit der Folge, dass er regelmäßig Weltgeschichte mit Filmereignissen verwechselte.

Wie Trump zeigte Reagan kaum Interesse für die Welt, in der er eine Hauptrolle spielte. Nachdem klar wurde, dass er sich nie die Mühe machte, Akten zu lesen, drehten seine verzweifelten Mitarbeiter kleine Filme, wenn sie ihn für einen wichtigen Termin vorbereiten mussten. Filme schaute der Mann ja gern.

Nicht nur Reagans Mangel an Kenntnissen – und noch schlimmer: an Neugierde – wurde im Nachhinein vergessen. Auch sein Rassismus ist in Vergessenheit geraten. Reagan war ein Pionier des sogenannten »*dog whistle*« – jene Hinweise, die harten Rassisten signalisierten, er stehe auf ihrer Seite, ohne laut genug zu sein, um anständigere Wähler damit abzuschrecken. Reagan startete seine Wahlkampagne in der Nähe von Philadelphia, Mississippi – ein Städtchen, das nur deshalb bekannt ist, weil drei junge Männer – zwei davon weiße Juden aus dem Norden – dort 1964 ermordet wurden, als sie schwarzen Bürgern bei der Wahlanmeldung helfen wollten. Erst 40 Jahre später konnte einer der Mörder verurteilt werden.

Natürlich hat Reagan dort nicht gesagt, er sei dafür, dass Bürgerrechtler ermordet werden. Das musste er auch nicht. Sein Plädoyer für die *states' rights,* die Rechte der Bundesstaaten gegenüber der Regierung in Washington, war jedem klar, der die Rassentrennung fortsetzen wollte. Mit deren Stimmen förderte er dann eine Rassenpolitik, die von der Unterstützung der Apartheid in Südafrika bis zur Streichung der Sozialhilfe und zur Aushöhlung antirassistischer Gesetze reichte. Trump und sein Chefstratege Bannon wissen schon, warum sie sich Reagan zum Vorbild nehmen. Da die Zeiten rauer geworden sind, muss Trump nicht so vorsichtig sein; sein Justizminister, ein Republikaner aus Alabama, wurde selbst in den Reagan-Jahren vom Kongress noch als zu rassistisch beurteilt, um als einfacher Richter bestätigt zu werden.

Noch überraschender vielleicht ist das Vergessen der Wirtschaftsplanung, mit der Reagan die Kluft zwischen Reichen und Armen in einem historischen Maß vergrößert hat. Wie Trump beherrschte auch Reagan die Kunst, Stimmen von Arbeitern für ein Wirtschaftsprogramm zu bekommen, das durch radikale Steuersenkungen einerseits und radikale Kürzungen sozialer Leistungen andererseits die Interessen der Wall Street bediente. Die Finanzkrise, die Jahrzehnte danach die Welt in Atem hielt, kann direkt auf Reagans Deregulierung der Finanzmärkte zurückgeführt werden – wie der Nobelpreisträger Paul Krugman erläutert:

> »Reagans Reformen des Finanzsektors waren sein größtes Erbe, und sie sind ein Geschenk, das er uns immer noch beschert.

> Diese Deregulierung hat der Finanzindustrie eine Lizenz gegeben, im besten Fall mit den Geldern der Steuerzahler zu spielen, im schlimmsten Fall sie auszuplündern. Als die Regierung eine erste Bilanz zog, hatten die Steuerzähler schon 130 Milliarden Dollar verloren, was 1982 noch viel Geld war.«

Später schrieb Krugman in der *New York Times* über Reagans Wirtschaftspolitik:

> »Reagan hat das Haushaltsdefizit mit Militärausgaben und Steuerreduzierungen explodieren lassen. Dies trieb den Zinssatz nach oben, was den Dollar stärkte, aber die amerikanischen Industrieexporte schwächte. Die Handelsdefizite stiegen – und der langfristige Verfall der Produktion in amerikanischen Fabriken begann.«

Krugman erinnert heute daran, weil die Wirtschaftspolitik von Trump schon ähnliche Züge annimmt. Reagan hat den Neoliberalismus nicht erfunden, aber seine Angriffe auf die Gewerkschaften und seine Deregulierung der Märkte – gekoppelt mit seinem unverdienten Ruf als Sieger des Kalten Krieges – förderte Strukturveränderungen, deren Folgen immer deutlicher werden.

Die Geschichte ist nachsichtig mit Ronald Reagan umgegangen, weil er das Glück hatte, einen Satz vor dem Brandenburger Tor auszusprechen, der zwei Jahre später wahr geworden ist. Für die guten Nachrichten, die darauf folgten, ist er nicht verantwortlich; dafür hat er eine Wende in der Politik eingeleitet, die schließlich zu Trumps Wahl führte. Dass Politik leicht durch Entertainment ersetzbar ist, dass richtig dosierter Rassismus immer diejenigen Wähler anzieht, die Fremden die Schuld für ihre eigene Misere geben möchten, dass Arme wie Reiche für Wirtschaftsprogramme verfänglich sind, die die Schere zwischen beiden vergrößern, und dass Politiker, die das fördern, trotzdem positiv in die Weltgeschichte eingehen können – all das haben Republikaner von Ronald Reagan gelernt. Wie Reagans Pressesprecher Larry Speakes sagte: »Wenn man die gleiche Geschichte fünfmal erzählt, wird sie wahr.«

Freilich pflegt Trump einen anderen Ton als Reagan: Statt eines gütigen Opas haben wir nun einen verwöhnten Pubertierenden im Weißen Haus. Doch auch wärmere Töne würden uns heute wenig nutzen, denn die Zeiten, in denen Reagan als harmlos erscheinen konnte, waren stabiler, weil andere Weltmächte wenigstens von einer instrumentellen Vernunft geleitet wurden. Reagan mag die Sowjetunion das Reich des Bösen genannt haben, er wusste jedoch stets, dass er mit ihr verhandeln konnte. Wer will das heute vom IS behaupten?

Reagan und seine Verbündete Margaret Thatcher haben Vorgänge in der Welt verankert, die später zu Trump und zum Brexit führten. Denn es braucht keine komplexen Analysen, um wenigstens zu ahnen, dass ihre Aussagen einfach falsch waren. Statt des versprochenen Wohlstands, der von unsichtbarer Hand einer freien Marktwirtschaft kommen sollte, wurde etwas anderes sichtbar: Zum ersten Mal konnten wir miterleben, wie die Kluft zwischen Armen und Reichen immer weiter wuchs. Die Globalisierung ist keine Einbahnstraße. Jeder Benutzer eines Smartphones kann heute täglich den Unterschied zwischen Kim Kardashians und seinem eigenen Leben beurteilen. Wen soll es wundern, wenn also der Migrant aus Niger durch die Wüste treckt, um etwas davon abzubekommen? Wer versteht nicht den Wähler in Texas, der seine Wut auf die Eliten zeigt?

Noch schlimmer als das Vergessen der Wurzeln des Neoliberalismus ist die Geschichtsvergessenheit über die Alternativen. Vor ein paar Jahren hörte ich den Vortrag eines Freundes zum Thema »Einsteins Weltbild«. Der Freund ist ein weltbekannter Einstein-Forscher sowie ein engagierter linker Intellektueller. Deshalb war ich überrascht, als er Einsteins politische Einstellungen mit folgendem Satz beschrieb: »Einstein war die soziale Gerechtigkeit sehr wichtig.«

Später fragte ich nach, denn Einstein war ja lebenslang Sozialist gewesen. In den frühen 1930er-Jahren hielt er Vorträge für Berliner Arbeitskreise; mitten im Kalten Krieg schrieb er 1949 einen Leitaufsatz mit dem Titel *Warum Sozialismus?*.

»Das weißt du alles besser als ich«, sagte ich dem Freund. »Warum nennst du ihn nicht einfach Sozialist, wie er es selbst auch tat?« Die erste Antwort klang etwas verlegen: Einstein habe keine originelle ökonomische Theorie entwickelt. Doch dann gab der Freund zu: Das Wort »Sozialist« sei so toxisch geworden, dass man den verehrten, geliebten Albert Einstein nicht damit belasten möchte.

Wie ist es dazu gekommen? 1986 hat der Historikerstreit deutsche Gemüter bewegt. Damals hatten nicht nur der linke Philosoph Jürgen Habermas, sondern auch der *Spiegel*-Verleger Rudolf Augstein jeden Vergleich zwischen Faschismus und Kommunismus aufs Strengste verurteilt. Und da ging es, wohlgemerkt, um Vergleiche zwischen Nazideutschland und der Sowjetunion, obwohl schon in den 1980er-Jahren ziemlich viel über Gulags und Terror bekannt war. Heute wird nicht nur der mörderische Stalinismus, sondern ebenfalls die DDR – von der bekanntlich nicht Leichen-, sondern Aktenberge übrig blieben – immer wieder mit Nazideutschland gleichgesetzt, wenn auch manchmal mit der mildernden Einleitung: »Ich will ja nicht gleichsetzen, aber …« Die Wörter »Zwei deutsche Diktaturen« werden buchstäblich in Stein gemeißelt und gedankenlos wiederholt. Damit wird immer wieder suggeriert, dass jeder Versuch, den Sozialismus zu realisieren, grausam enden muss. Selbst viele, die Anfang der 1990er-Jahre den amerikanischen Politologen Francis Fukuyama kritisierten, haben seine These verinnerlicht: Neoliberalismus ist das einzig vorstellbare Ende der Geschichte. Auch diejenigen, die vor 30 Jahren nächtelang über die Analysen von Trotzki oder Lukács debattierten, wollen heute immer schon gewusst haben, dass das alles direkt in den Gulag führt.

Allerdings zeigte Bernie Sanders' Kandidatur in den USA uns etwas anderes auf: Für viele derjenigen, die vor 30 Jahren *nicht* dabei waren, ist »Neoliberalismus« statt »Sozialismus« das Schimpfwort. Wer nach dem Kalten Krieg groß geworden ist, hat nicht die Triumphe, sondern die Mängel des Kapitalismus vor Augen und ist eher dazu bereit, eine Gesellschaftsform auszuprobieren, die mehr Hoffnung verspricht. Statt Trotzki lesen die jüngeren Menschen den französischen Wirtschaftswissenschaftler Thomas Piketty, dessen Kritik des Kapitalismus zum internationalen Bestseller wurde. Doch viele

Linksliberale haben versäumt, eine wirkliche Auseinandersetzung mit den Problemen des Sozialismus zu führen, sodass selbst jene, die früher Thatcher bekämpften, inzwischen klein beigegeben haben: Zur ungefesselten freien Marktwirtschaft scheint es keine klare Alternative zu geben.

Um eine Zukunftsalternative formulieren zu können, müssen wir aber die Vergangenheit deutlicher sehen. In den letzten Jahren ist das Bild der DDR als böse Diktatur dermaßen selbstverständlich geworden, dass es auf die eigene Erfahrung abfärbt. Als Amerikanerin, die seit 17 Jahren im wiedervereinigten Deutschland lebt, höre ich oft Kommentare, die Deutsche untereinander verschweigen. Vor allem die Bemerkungen der Westdeutschen über die Ostdeutschen sind oft haarsträubend.

Einmal fragte ich einen linksengagierten Sozialforscher nach seiner Meinung zu einer Podiumsdiskussion, an der wir beide eben teilgenommen hatten. »Na ja«, meinte er, »es war eben Potsdam. Erst wollten die Menschen schauen, was die Nachbarn sagten, bevor sie sich selbst reden trauten. Aber danach ging es schon.« Sein Bild des Ostens war derart von Stasi-Geschichten geprägt, dass er die anfängliche Zurückhaltung als Angst interpretierte – statt als normalen Verlauf einer jeden Diskussionsveranstaltung.

»Ich war vorgestern in Zürich«, erwiderte ich. »Da hat es auch eine Weile gedauert, bevor das Publikum zu sprechen begann.«

Das ist nur ein kleines Beispiel für die oft kaum bewussten Vorurteile, mit denen viele Westdeutsche die Ostdeutschen betrachten. Die populäre Geschichtsschreibung führt sie fort. Wie oft wird behauptet, es gebe keine Aufarbeitung des Faschismus in der DDR, allenfalls eine von oben verordnete? Hier bleibt unbemerkt, dass alle Alliierten eine Zeit lang irgendeine Form des Antifaschismus verordneten. Was sollten sie auch sonst mit einem vom Faschismus verseuchten Volk tun? Richard von Weizsäckers Rede von 1985, die zum ersten Mal den 8. Mai als Tag der Befreiung bezeichnete, wird immer wieder als Zäsur gelobt. Unerwähnt bleibt dabei aber die Tatsache, dass der Tag seit dem Anfang der DDR als solcher gefeiert wurde. Einmal auf der richtigen Seite der Geschichte zu sein, ist natürlich kein Garant dafür, dass man immer dort bleibt, wie die Geschichte der DDR oft genug zeigte. Doch wer vergisst, wer damals historisch Recht behielt, läuft Gefahr, Unrecht fortzusetzen.

Selbst seine Kritiker vergessen oft, wie der Neoliberalismus auf den Ruinen des Staatssozialismus aufgebaut wurde. Letzterer ist genauso wenig die einzig mögliche Form des Sozialismus, wie der Neoliberalismus alle Möglichkeiten des

Kapitalismus ausschöpft. Um Alternativformen formulieren zu können, brauchen wir gerechtere Geschichtsbilder. Sie fangen bei der Erkenntnis an, dass die DDR nicht auf die Stasi reduziert werden kann. Mir liegt es fern, die Stasi zu rechtfertigen, auch wenn ich weiß, dass ihre Methoden von der heutigen Überwachung durch Wirtschaft und Politik, wie Edward Snowden bewies, an Effizienz reichlich übertroffen werden. Aber auch Snowdens glühendste Anhänger kommen nicht auf die Idee, die Gesamtkultur der USA auf die NSA zu beschränken.

Dies zu erkennen ist wichtig für die Beendigung der Verachtung, die so viele Westdeutsche für Ostdeutsche empfinden. Denn wer Verachtung spürt, so höflich sie auch zum Ausdruck kommt, wird Ressentiments entwickeln.

Zweite deutsche Diktatur? Unrechtsstaat? Wie immer es genannt wird, spüren Ostdeutsche, sie werden missachtet – trotz gut gemeinter Beteuerungen, dass es Einzelnen möglich gewesen sei, auch im Unrechtsstaat einigermaßen anständig zu bleiben. Wer solche Missachtung spürt, wird irgendwann wütend. Denn der Unmut der Ostdeutschen betrifft nicht nur die ungleichen Renten, so nötig es ist, sie schleunigst anzupassen. Vielmehr geht es um Würde. Dabei hilft es wenig, wenn individuelle ostdeutsche Biografien geehrt werden. Wenn das ganze Land verachtet wird, in dem sie gelebt haben, ist jedes Leben dort zweitklassig gewesen.

Auch diese Form der Geschichtskorrektur ist wichtig als Widerstand in postfaktischen Zeiten. Kein Leser dieser Zeilen wäre auf die Idee gekommen, dass Hillary Clinton einen Kinderpornoring in einem Pizza-Restaurant betrieb. Doch insofern wir unsere historischen Kenntnisse aus den etablierten Medien nehmen, lassen wir uns täuschen: dass Ronald Reagan ein wohlgesinnter, wenn auch nicht besonders kluger Weltpolitiker war; oder dass die DDR dem Nazistaat glich, wo außer ein paar Oppositioneller nur ängstliche Schafe oder garstige Kollaborateure lebten.

Zweifelsohne muss das Versagen des realen, nicht mehr existierenden Sozialismus benannt und vor allem analysiert werden. Doch jede Analyse könnte auch daran erinnern, dass das Jahr 1989 nicht nur das Ende der Berliner Mauer brachte, sondern den Anfang eines Kapitalismus, der in Abwesenheit jedes Gegenbildes zunehmend alle Werte auf Marktwerte reduzierte.

Postfaktisches Denken auf hohem Niveau

Ich bin keine Freundin des leninistischen Prinzips, wonach alles erstmal zum Schlimmsten kommen muss, bevor es besser wird. Deshalb habe ich, nach der Unterstützung des demokratischen Sozialisten Bernie Sanders in den Vorwahlen, Hillary Clinton gewählt. Doch jetzt, wo das Schlimmste eingetreten ist, könnte man meinen, dass auch Lenin gelegentlich recht hatte. Denn Trumps Wahlsieg könnte bereits ein Umdenken befördert haben: Er zeigt nicht nur das nackte Gesicht des ungezügelten Kapitalismus, sondern eine Reihe von Ideen, die nicht nur aus rechten Ecken kommen.

Ganz im Gegenteil. Menschen wie Dylan Storm Roof und Edgar Maddison Welch greifen zu Waffen, wenn sie die Wahrheit traditioneller Quellen anzweifeln. Linksliberale greifen zur Theorie. Gegen Menschen, die wie Trump bereit sind zu bestreiten, ob es regnet oder nicht, helfen nicht Argumente, sondern Zahlen. Hier geht es nicht um Zahlen von Menschen auf Veranstaltungen, die sie einfach leugnen können, sondern um Zahlen von Menschen, die im Widerstand vereint sind. In den USA, wo die Verachtung der Wahrheit derzeit am deutlichsten ist, wächst der Widerstand am schnellsten. Doch die Europäer organisieren sich auch – wie die Wahlausgänge in den Niederlanden und in Frankreich zeigen. Um Widerstand gegen Rechts sinnvoll leisten zu können, müssen wir uns zunächst von postfaktischen Theorien befreien.

Wer zu oft Fälschungen liest, sei es über Pornoringe, Massenvernichtungswaffen oder gütige Präsidenten, dem sei verziehen, wenn er die Suche nach Wahrheiten aufgibt. Doch die Erfahrung, öfter angelogen zu werden, reicht nicht aus, um Begriffe der Wahrheit anzuzweifeln. Dafür braucht man theoretische Unterstützung: aus postmodernen Theorien, begleitet von ihren scheinbaren Gegnern aus der Evolutionsbiologie und der neoliberalistischen Wirtschaftswissenschaft. Bei allen Unterschieden setzen sie alle eine Metaphysik des Misstrauens voraus: Hinter jeder Behauptung steht ein verborgener Machtanspruch, hinter jedem vermeintlichen Ideal ein Interesse.

Als Paradebeispiel gilt der Irakkrieg. Hinter inflationärer Rhetorik über Gut, Böse und Demokratie stand die Lust auf Regionalherrschaft und Öl – sowie eine willkommene Ablenkung von einer Präsidentschaft, die 2002 als die schlimmste der amerikanischen Geschichte galt. Für viele war dieser Krieg nun der letzte Beweis, dass *jeder* Versuch, Bösem entgegenzutreten, und *jeder* Versuch, Gerechtigkeit zu fördern, nichts anderes als Heuchelei sei, der zynische Versuch einer Gruppe, ihre Interessen mit moralischer Rhetorik zu verschleiern. Demnach liegt es in der Natur des Menschen: Jeder handelt, um seine Interessen durchzusetzen, seinen Freunden zu helfen, seinen Feinden zu schaden. In den Wörtern des Nazi-Juristen, der zum Lieblingsdenker vieler Linksintellektueller geworden ist: Wer Menschheit sagt, will betrügen.

Jede Generation stellt diese Haltung als etwas Neues, gar Radikales dar. In der Tat ist sie spätestens seit Platon, der sie in seinem großen Werk *Der Staat* erwiderte, vorhanden. In den letzten Jahrzehnten war Michel Foucault ihr wichtigster Vertreter. Der formulierte so:

> »Ist Macht nicht schlicht eine Form der kriegsähnlichen Herrschaft? Sollte man nicht daher alle Probleme der Macht als Kriegsverhältnisse begreifen? Ist Macht nicht eine Art von verallgemeinertem Krieg, der in bestimmten Augenblicken die Form des Friedens und des Staates annimmt? Der Frieden wäre dann eine Form des Krieges und der Staat ein Mittel, ihn zu führen.«

Ein Grundkurs in Logik hätte uns viel Wirrwarr erspart. Aus der Tatsache, dass einige Menschen blaue Augen haben, kann man nicht schließen, dass es keine anderen Augenfarben gibt. Aus der Tatsache, dass einige Moralansprüche verborgene Machtansprüche sind, kann man nicht schließen, dass jeder Anspruch, für das Gemeinwohl zu handeln, einen Machtanspruch verschleiert. Aber Logik ist selten die Stärke von Denkern, die oft so verdunkelt schreiben, dass sie an Nietzsches Spruch erinnern: Sie trüben das Gewässer, damit es tief erscheint.

Weil Foucaults Nachfolger meist noch undurchdringlicher sind, wäre es töricht zu behaupten, dass jeder politisch interessierte Mensch ein Kenner der neuesten Theorien sei. Doch wir alle sind Mitgefangene unserer Zeit, und selbst diejenigen, die nicht studiert haben, schwimmen in den Ideologien, die vorhanden sind. Wie *Breitbart News* es ausdrückt: »Politik steht stromab von der Kultur.«

In einem bekannten Aufsatz in *Foreign Affairs* hat der Kulturtheoretiker Stanley Fish Grundkenntnisse eines Wissenstransfers ganz abgelehnt:

> »Abstraktes Denken wie der Postmodernismus ist nicht die Ursache schlechter Handlung. (Er ist auch keine Ursache guter Handlung; er verursacht gar keine Handlung.)«

Nun haben Philosophen seit Jahrhunderten über die Beziehungen zwischen Denken und Handeln gestritten, aber auch ohne ihre Argumente zu studieren, ist klar: Ihre Gedanken über das Mögliche bestimmen den Rahmen, innerhalb dessen Sie handeln. Sollten Sie meinen, es sei unmöglich, Wahrheit von Narrativ zu unterscheiden, werden Sie es auch nicht versuchen. Sollten Sie der Ansicht sein, Menschen können nur nach Eigen- bzw. Stammesinteressen handeln, werden Sie sich nicht scheuen, das Gleiche zu tun. Fish fährt fort:

> »Von den geduldigen und sorgfältigen Diskussionen schwieriger Probleme, die den postmodernen Diskurs kennzeichnen, sind Trumps Rede- und Denkweisen meilenweit entfernt ... Weil er kein Rezept für politische Handlung, sondern ein Gespräch mit anderen philosophischen Theorien ist, hat der Postmodernismus keine Kausalbeziehung zum Sieg Donald Trumps.«

Natürlich haben weder Trump noch jene Journalisten, die über ihn berichten, ausreichende Geduld und Sorgfalt, um mit komplexen philosophischen Theorien umzugehen. Wie jeder erfahrene Autor wissen müsste, nehmen die meisten Leser oft nur die einfachste Version der Gedanken des Autors mit.

Doch die Philosophie ist nicht nur dazu da, um Gespräche mit anderen Philosophen zu führen. Sie kann uns alle dazu bringen, die Annahmen zu entdecken, die unsere Meinungen untermauern. Dabei zeigt sie uns ungeahnte alternative Möglichkeiten. »Sei doch realistisch« klingt harmlos, beinahe banal, doch dahinter liegt eine Metaphysik, welche die Politik bestimmt. Sie verbirgt eine Reihe von Voraussetzungen: Was ist denn wirklich, was Fantasie, was unmöglich, was unvorstellbar? Übersetzt heißt der Ratschlag, realistisch zu sein, ungefähr so viel wie: Schraube deine Erwartungen herunter. Wenn Sie solchen Ratschlägen folgen, wie stellen Sie sich die Wirklichkeit vor?

Seit 1989 haben eine Reihe philosophischer Vorstellungen die Oberhand gewonnen. Der Neoliberalismus verbreitet die Idee – ohne sie explizit zu vertreten –, dass echte Werte Marktwerte sind. Die Evolutionsbiologie will dies mit unbeweisbaren wissenschaftlichen Formulierungen untermauern: Auch unsere Urahnen und sogar unsere Gene handeln angeblich nur mit dem Ziel, sich selbst weiter zu vermehren. Gemeinsam haben beide Disziplinen die Annahme, dass Wahrheitsansprüche immer Machtansprüche sind. Wenn es überhaupt Fakten gibt, sind es Fakten über Dominanz.

Nun habe ich lediglich einen Menschen erlebt, der tatsächlich so handelt. Donald Trump verkörpert alle drei Theorien: Seine Wahrheitsansprüche sind nur Machtansprüche, seine Werte sind bloß materielle Werte, und es scheint in seiner Natur zu liegen, so zu handeln, um möglichst viele Kopien seiner selbst – oder wenigstens seines Namens – zu reproduzieren. Aber jene Theorien, die diesen eigenartigen Mensch beschreiben, gehören nicht verallgemeinert.

Die Verbreitung solcher Ideologien, meist in vereinfachter Form, bemerken wir kaum, weil sie als Selbstverständlichkeiten geäußert werden. Da sie nur halbbewusst weitergetragen werden, verbreiten sie größtmögliche Unsicherheit. Wer nur gelernt hat, jedem Wahrheitsanspruch mit Misstrauen zu begegnen, dem wird es schwerfallen, eine Lüge als solche zu erkennen. Bis kurz vor den Wahlen zögerte die *New York Times* damit, Trumps Fälschungen der Wahrheit als Lügen zu bezeichnen. Nach intensiven Diskussionen hat sie Mut gefasst und tut dies nun fast täglich.

Die Rechten wissen die Unsicherheit ihrer Gegner auszunutzen. Darwin hat ein Narrativ angeboten, die Bibel ein anderes; wer soll schon entscheiden, welches Narrativ das stärkere ist? 99 Prozent der Klimaforscher sind der Meinung, dass unser Energieverbrauch das Klima verändert; wer sagt denn schon, dass die Meinung der Mehrheit von Experten die richtige ist? Der Verleger Andrew Breitbart erklärt seine Strategie: »Im 21. Jahrhundert sind die Medien alles. Die Liberalen gewinnen, weil sie das Narrativ bestimmen. Die Medien bestimmen das Narrativ. Narrativ ist alles. Ich bin im Krieg, um das amerikanische Narrativ zurückzugewinnen.«

Sein etwas sanftmütigerer Kollege, der erfolgreiche rechtsradikale Website-Betreiber Mike Czernowitz, erklärte der Zeitschrift *The New Yorker*: »Sehen Sie, ich habe die postmoderne Theorie an der Uni gelesen. Wenn alles ein Narrativ ist, brauchen wir Alternativen zu den herrschenden Narrativen.« Er lächelt. »Ich sehe nicht aus wie ein Typ, der französische Theoretiker wie Lacan liest, oder?«

Schon 2004 hat der französische Philosoph Bruno Latour beschrieben, wie die Rechten postmoderne Theorien einsetzen:

> »›Sollte die Öffentlichkeit zu dem Schluss kommen‹, schrieb ein republikanischer Stratege, ›dass die wissenschaftlichen Fragen geklärt sind, wird sich ihre Haltung zur Klimaänderung ändern. Also müssen (diejenigen, die gegen neue Regelungen sind) weiter die *Abwesenheit wissenschaftlicher Gewissheit* in den Vordergrund stellen.‹«

Latour fährt selbstkritisch fort:

> »Dennoch gibt es ganze wissenschaftliche Institute, die Studenten beibringen, dass Fakten erfunden sind, dass es keinen natürlichen vorurteilsfreien Zugang zur Wahrheit gibt, dass wir stets von der Sprache gefangen sind, dass wir immer nur von einem bestimmten Standpunkt sprechen usw., während gefährliche Extremisten die gleichen Argumente benutzen, um feste Beweise zu zerstören, die unsere Leben retten könnten. Lag ich falsch, als ich zu diesen Studien beigetragen habe?«

Linke Theoretiker unserer Zeit haben nur verdeutlicht, was schon bei Marx problematisch war. In meinem Buch *Moralische Klarheit* habe ich gezeigt, wie Marx' Materialismus zum Fall des Sozialismus geworden ist. Gelähmt haben uns nicht nur die Brutalität der Praxis, die marxistische Regierungen oft begleitet, sondern auch die Widersprüche der marxistischen Theorie selbst. Der Marxismus bezog seine Anziehungskraft aus dem Anspruch, moralische Gerechtigkeitsideale zu verwirklichen, welche die Aufklärung zwar formuliert, aber nicht zu Ende gedacht hatte. Dank Marx haben wir verstanden, dass die Meinungsfreiheit eines Zeitschriftenverlegers etwas anderes ist als die Meinungsfreiheit eines Protestlers, der ein Plakat auf der

Straße hochhält. Ursprünglich war das keine Kritik an den Idealen selbst, sondern an deren mangelnder Erfüllung. Es war eine wichtige, fortschrittliche Kritik. Jene Ideale, die marxistische Bewegungen beflügelten, wurden jedoch von einer Metaphysik ausgehöhlt, die bei den Sophisten aus der griechischen Antike stehen geblieben ist, auch wenn sie immer wieder in Mode kommt. Für Marxisten sind Ideale nichts als Ideologien, Rationalisierungen ohne wirkliche Basis. Ob Philosophie, Kunst oder Religion, alle verfolgten lediglich einen Zweck: die realen (sprich ökonomischen) Verhältnisse zu verschleiern, die wirklich unser Leben bestimmen.

Die grundsätzliche Dissonanz zwischen Ton und Inhalt sticht ins Herz von Marx' Theorie. Mit großartiger Prosa bewegt er die Gemüter mit Idealen der Gerechtigkeit – kurz bevor er Ideale und Gerechtigkeit zum Überbau erklärt. Hinweise auf Unterschiede zwischen den frühen und den späten Schriften bieten keinen Ausweg aus diesem Dilemma; die Kluft zwischen Ton und Inhalt lässt sich nicht verbergen. Auch diejenigen, die nicht dazu geneigt sind, spitzfindige Textanalysen zu betreiben, spüren es in den Knochen.

Marxisten sind heute die meisten – manche Konservative noch mehr als andere. In diesem Sinn ist nämlich jeder marxistisch, der glaubt, dass das Fressen die Moral bzw. die Politik bestimmt. Chronologisch gesehen hat Brecht ja recht; wer hungert und friert, wird kaum die Möglichkeit haben, auf andere Ideen zu kommen.

Von dieser Erkenntnis bis zu der Meinung, dass Geld immer die Vernunft besiegen wird, ist es ein großer Schritt, der öfter unternommen wird, als uns bewusst ist. Gewinn und Verlust sind messbar. Wenn nur das Messbare zählt, verwundert es nicht, dass Außenpolitik als *Deal* verstanden wird, in dem Loyalität, Bündnistreue, ja, Prinzipien überhaupt keine Rolle spielen. Alles wird an einer Latte gemessen: Bringt es mir und meinem Stamm, meinem Land, meinem Volk Gewinn?

In den letzten Jahrzehnten haben viele gegen dieses Weltbild protestiert. Leider sind die erfolgreichsten dabei nicht die Occupy-Bewegung, sondern die Fundamentalisten und Nationalisten, die immer mehr Menschen in ihren Bann ziehen. Es ist grundlegend falsch, ihren Protest als Protest der Verlierer der Globalisierung zu verstehen. Mehr Gewinn würde sie nicht zufriedenstellen. Etliche empirische Studien zeigen, dass Dschihadisten oft zu den Produktivsten und Gebildetesten ihrer Länder gehören. Ein größeres Stück vom Kuchen wird ihnen nicht genügen; den Teller selbst lehnen sie ab.

Die jungen Frauen, die ihre Köpfe bedecken, wollen nicht zu einer Welt gehören, wo Frauenkörper wie Waren behandelt werden. Die jungen Nationalisten, die auf ihre ethnische Identität pochen, wollen nicht in einer Welt leben, wo jede Großstadt der Welt wie jede andere aussieht, weil multinationale Konzerne allerorten die Straßen beherrschen.

Dies ist kein Freibrief für die Exzesse der Menschen, die stur auf die Vorherrschaft ihrer Religions- oder ihrer Stammesgenossen pochen. Doch jenen, die dagegen handeln wollen, wird es nicht gelingen, wenn sie die Wurzeln der Probleme nicht verstehen – und verstehen, was wir dazu beigetragen haben.

Wer sind wir? Das sind alle, die nicht klar genug erkannt haben, dass es zum Stammesdenken nur eine Alternative gibt: den Universalismus. Leider hat der Begriff gerade unter links stehenden Intellektuellen einen schlechten Ruf bekommen. Universalismus gilt als ideologischer Musterbegriff für Machtansprüche, mit denen partikuläre Interessen verteidigt wurden. So waren es Linksliberale, vor allem in der späteren US-Bürgerrechtsbewegung, die die Identitätspolitik erfunden haben, eine Politik, die der reaktionäre Nationalismus eines Carl Schmitt widerspiegelt.

Wer glaubt, dass Wahrheit nur Macht ist, dass Ideale nur Interessen verschleiern, wird schnell zu dem Schluss kommen, dass lediglich die Interessen des eigenen Stammes zählen. Diese Entwicklung ist besonders tragisch, weil die frühen Bürgerrechts- und Antikolonialismus-Bewegungen entschlossen gegen jede Form von Stammesdenken eingetreten sind. Ihre Stärke wurde ausgedrückt in Liedern, die behaupteten: »Alle Menschen sind Sklaven, bis ihre Brüder befreit sind.« Statt Geschichte zum Narrativ zu erklären, hätte der Postkolonialismus die Geschichte erweitern können. Es ist einfach wahr, dass viele Nicht-Europäer – die oft reichhaltigen und komplexen Kulturen entstammten und von denen Europäer hätten lernen können – für europäische Gewinnmaximierung missbraucht und ermordet wurden. Die Europäer reisten, um Jean-Jacques Rousseau von 1754 zu zitieren, »nicht, um ihre Köpfe, sondern ihre Taschen zu füllen«.

Aber auch diese Wahrheiten drohen zu schwinden, wenn der Begriff der Wahrheit auf Macht reduziert wird. Wieder haben die Rechten dies früh erkannt. Identitätspolitik ist ein gefährliches Spiel. Wenn die Ansprüche der Minderheiten nicht als Menschenrechte, sondern als die Rechte bestimmter Gruppen anerkannt werden, was hindert die Mehrheiten daran, auf ihre eigenen (Stammes-)Rechte zu pochen? Solche Fragen waren während der Trump-Wahl zu hören, und in den letzten Jahren haben sogenannte »Identitäre Bewegungen« in Österreich, Frankreich und nun auch in Deutschland Fuß gefasst. Sie geben sich bewusst scheinbar harmlos: Wenn andere für die Rechte ihrer Gruppe kämpfen, warum sollen weiße Europäer nicht auch die Möglichkeit haben, gegen den verhassten Multikulturalismus aufzustehen?

Kurz nach der Trump-Wahl lief eine Debatte in Amerika, die zum Teil auch auf Deutsch übermittelt wurde: Welche Verantwortung trägt eine liberale Unterstützung der Identitätspolitik? Haben scheinbar nebensächliche Fragen etwa der Diskriminierung weiße Wähler entfremdet, die wegen ihrer wirtschaftlichen Sorgen dann Trump unterstützten? Diese Frage ist falsch formuliert. Morde an unbewaffneten Afroamerikanern, die zur *Black-Lives-Matter*-Bewegung führten, sind keine Nebensache, sondern Verbrechen, und Gewalt gegen Frauen, Schwule und Lesben sind es genauso. Doch wenn jene, die dagegen protestierten, in ihrem eigenen Stammesdenken verhaftet bleiben, haben sie keine Möglichkeit zu argumentieren, dass solche Verbrechen zur universellen Entrüstung führen müssen. Wenn nur Stammesinteressen als natürlich gelten, gibt es keine Basis für eine wirksame universelle Entrüstung. Ihre Argumente werden partikulär formuliert, gestützt auf Machtbegriffe, denn heute sehen diese nach festem Boden aus.

Nach Hannah Arendt hätte Adolf Eichmann nicht für Verbrechen gegen das jüdische Volk, sondern für Verbrechen gegen die Menschheit angeklagt werden sollen. Sie hatte recht. Meine Unterstützung für *Black Lives Matter* entstammt weder meiner Stammeszugehörigkeit noch bestimmter Schulden meiner Ahnen, die keine Sklavenhalter, sondern arme Ostjuden waren und Anfang des 20. Jahrhunderts nach Chicago auswanderten. Ich unterstütze die Bewegung, weil das Erschießen unbewaffneter Menschen ein Verbrechen gegen die Menschheit ist. Und gleichzeitig distanziere ich mich von der weißen Gegenbewegung, die Parolen wie *All Lives Matter* schreit, weil sie versucht, mit einer banalen Wahrheit von einer wichtigen empirischen Wahrheit abzulenken: Afroamerikaner sind ungleich öfter als andere von Polizeigewalt bedroht. Doch um dies festzustellen, muss man an einem Wahrheitsbegriff festhalten.

Glück im Unglück?

In den Wochen nach Trumps Wahl haben Wörter wie »Schock« und »Trauer« meine Inbox überflutet. Seit seiner Amtseinführung lese ich zunehmend das Wort »Widerstand«, ein kämpferischer Begriff, der früher nur als historischer Hinweis auf die Nazizeit in amerikanischen Diskursen vorgekommen ist. Nun stand er auf der Titelseite der Wochenzeitschrift *Time.*

Widerstand findet nicht nur auf der Straße statt. Neben großen Demonstrationen gibt es vielfältige Formen, die meist auf lokaler Ebene realisiert werden. 300 Städte, darunter New York, Chicago und Los Angeles, haben sich zu Zufluchtsorten erklärt und Gelder bereitgestellt, um Immigranten vor Deportationen zu schützen. (Allerdings gibt es vielerorts einen Kampf zwischen den Bundesstaaten und den liberalen Städten. Noch ist nicht klar, wer die Oberhand gewinnt.) Kalifornien kündigte an, seine Klimagesetze zu stärken, um der erwarteten Schwächung auf Bundesebene entgegenzutreten. Als Reaktion auf Trumps Löschung der Klimadaten auf der Website des Weißen Hauses haben mehrere Nationalparks die Informationen auf Twitter gesetzt, trotz Trumps neuer Verordnung, die Bundesmitarbeitern verbietet, mit der Öffentlichkeit zu kommunizieren. Bürger mehrerer Bundesstaaten suchten die Büros ihrer Kongressabgeordneten mit der Forderung auf, Obamas Gesundheitsreform beizubehalten. Liberale Gruppen beraten sich, was sie aus den Strategien der Tea Party lernen können. Während Protestler auf Flughäfen demonstrierten, wo Flüchtlinge mit gültigen Papieren abgewiesen werden sollten, haben auch republikanische Senatoren formuliert, dass ein generelles Einreiseverbot für Flüchtlinge unamerikanisch sei. Schließlich ist der Willkommensgruß auf der Freiheitsstatue im New Yorker Hafen in Stein gemeißelt.

Solche Strategien sind wichtig, sie werden weiterentwickelt – und sie betreffen als lokale Strategien zunächst die USA. Die Europäer müssen ihre eigenen Strategien entwickeln, um die Rechtsnationalisten zu bekämpfen, und auf ihre regionalen Bedingungen hin anpassen. Was sind aber die allgemeinen Prinzipien dabei, die eine jede Strategie untermauern müssen?

Geschichtsvergessenheit zeigt sich auch in der Geistesgeschichte. Nichts wäre schädlicher, als dem Ruf jener Denker zu folgen, wonach Brexit und Trump beweisen, dass die Zeiten der Aufklärung und Vernunft (schon wieder) endlich vorbei sind. Sie geben der Aufklärung die Verantwortung für ein Bild der Vernunft, die aus reiner ökonomischer Zweckrationalität besteht. Der Begriff des *Homo oeconomicus* wurde aber erst ein Jahrhundert *nach* der Aufklärung entworfen und im Kalten Krieg weiterentwickelt. Verhaltensökonomen wie der Nobelpreisträger Daniel Kahnemann haben längst bewiesen, wie oft Menschen *nicht* handeln, um ihre eigenen wirtschaftlichen Interessen zu maximieren; sie werden oft von anderen Motiven geleitet. Daraus könnte man schließen, dass Menschen irrational sind. Oder man könnte sich dazu entscheiden, den Vernunftbegriff zu überprüfen.

Bereits die Aufklärung entwarf aber einen anderen Vernunftbegriff. Vernunft verstand sie als die Fähigkeit, sich an universellen Werten zu orientieren, vor allem an Wahrheit und Gerechtigkeit. Diese Werte sind in Afrika und Asien wie auch in Europa vorhanden. Der Vorwurf des Eurozentrismus wurde schließlich von Aufklärern erfunden, die immer wieder betonten, wie viel Europäer von anderen Kulturen zu lernen hätten. Dies taten sie oft unter erheblichen Gefahren. 1723 musste zum Beispiel der deutsche Philosoph Christian Wolff zwischen Tod und Exil wählen, weil er öffentlich lehrte, dass die Chinesen kein Christentum brauchten, um Moral zu haben.

Die Vernunft stellt sich auch nicht, wie die Romantiker beklagen, gegen die Natur, sondern es ist die Vernunft, welche die angebliche Natürlichkeit gewisser Zustände infrage stellen kann. Überlegen Sie sich, wie oft Sklaverei, Folter, Armut und Frauenunterdrückung als natürlich dargestellt wurden, um ihre Unabänderlichkeit zu unterstreichen. Vor allem stellt sich die Vernunft gegen eine Obrigkeit, die ihre Macht verteidigt, indem sie das Recht auf Denken einer kleinen Elite vorbehält. Damals war die Elite eine Aristokratie, die eng mit der Kirche verbunden war. Heute besteht sie aus neoliberalen Wirtschaftsberatern, die die angebliche Natürlichkeit ihrer Ideologie mit evolutionärer Biologie untermauern. Die Aufklärer waren sich immer bewusst, dass die Vernunft auch Grenzen hat; sie waren nur nicht bereit, der Obrigkeit die Festlegung der Grenzen zu überlassen.

Ein gewisses Maß an Zweckrationalität ist bei einem solchen Vernunftbegriff gefordert, auch Begriffe der Logik; sie reichen aber bei Weitem nicht aus. Kern der Vernunft ist das Prinzip des zureichenden Grundes, nicht als Feststellung, sondern als Forderung: Finde für alles, was geschieht, den Grund, warum es so und nicht anders ist. Vieles taugt als Grund, aber anderes eben nicht: »So ist ja die Welt« oder »Man hat es mir gesagt«. Die Fähigkeit, Gründe für das Gegebene zu suchen, ist die Basis aller wissenschaftlichen Forschung und sozialer Gerechtigkeit.

Jedes Kind folgt dem Prinzip des zureichenden Grundes, wenn es fragt, warum der Regen fällt, und nicht loslässt, bis die Erwachsenen jene Gründe erklären, die dazu führen – oder dem Kind sagen, es solle aufhören, so viele Fragen zu stellen. Aber jedes Kind wird auch neugierig, wenn es zum ersten Mal einen Obdachlosen oder ein syrisches Kind im Fernsehen sieht. Warum hat der Mann keinen Schlafplatz? Warum hat das Kind kein Zuhause?

Wer ernsthaft versucht, dem Kind eine Antwort zu geben, wird vom Erklären zum Handeln geleitet. So verstanden, wird die Vernunft weder auf Technik beschränkt noch gegen die Leidenschaft ausgespielt. Die Verkörperung des aufgeklärten Vernunftbegriffs ist nicht der regelbesessene Technokrat, sondern Mozarts selbstbewusster Figaro, der seinen eigenen Verstand gegen die Aristokratie einsetzt – gerade um seine Leidenschaft zu verwirklichen.

Die Gesellschaft für deutsche Sprache definiert »postfaktisch« als die Bereitschaft, Tatsachen zu ignorieren, und verweist darauf, »dass es in politischen und gesellschaftlichen Diskussionen heute zunehmend um Emotionen anstelle von Fakten geht«. Diese Erklärung verrät einen binären Gegensatz zwischen Fakten und Gefühlen, in dem beide zu kurz kommen. Denn Gefühle und Fakten reagieren aufeinander. Sind meine eigenen Kinder bedroht, empfinde ich Wut. Sind fremde Kinder bedroht – möglicherweise durch einen Pornoring, wahrscheinlicher von Armut oder Krieg –, *sollte* ich Wut empfinden. Ist die Empörung über Kinderpornografie eher eine Verschiebung der Entrüstung, die wir empfinden sollten, wenn Kinder täglich aus Gründen sterben, die verhindert werden könnten? Es geht nicht darum, auf Emotionen zugunsten von Fakten zu verzichten, sondern sicherzustellen, dass beide miteinander im Einklang sind.

Politik wird entweder von Ängsten oder von Werten getrieben. Wohin die Politik der Ängste führt, haben wir nun gesehen. Sie hat viele Menschen auch deshalb angezogen, weil westliche Gesellschaften unfähig sind, die eigenen Werte zu definieren und zu verteidigen, eine Aufgabe, die heutzutage selbst von den Konservativen nur zögerlich übernommen wird. Eine Gesellschaft, die nicht in der Lage ist, Menschen das Gefühl zu vermitteln, ihr Leben habe mehr Sinn als nur Konsumgüter anzuhäufen, wird scheitern. Es geht hier um Würde. Wer nicht selbst an den Wert der Werte glaubt, wer Appelle auf

Werte auch heimlich als Sonntagsreden abtut, kann nicht glaubhaft über Würde sprechen.

Das wusste auch einer der Mitbegründer der deutschen Sozialdemokratie, Eduard Bernstein. Er argumentierte, dass Sozialdemokraten Kant brauchen, »der aufzeigt, wo ihr scheinbarer Materialismus die höchste und darum am leichtesten irreführende Ideologie ist, dass die Verachtung des Ideals, die Erhebung der materiellen Faktoten zu den omnipotenten Mächten der Entwicklung Selbsttäuschung ist«

Bernstein forderte ein Denken, das sich von dem Hegelianismus der Marxisten abwendet und zu Kant zurückkehrt. Vieles spricht dafür, Kants Werk als Quelle fortschrittlicher Politik zu betrachten. Er vermittelt uns einen Vorgeschmack auf internationales Recht wie auch auf die Sozialdemokratie. Doch keine dieser Ideen ist so bedeutend wie seine Idee von Idealen, denn ohne diese lässt sich jede Forderung nach Veränderung als utopische Fantasie absprechen. Jeder Vorschlag für eine Veränderung wird sich dem konservativen Kopfschütteln ausgesetzt sehen: Theoretisch klingen bestimmte Ideale ganz schön, doch die harten Tatsachen der Erfahrung zeigen, dass sie nicht praktikabel sind.

Schon 1793 spießte Kant dieses Klischee in einem Aufsatz auf: *Über den Gemeinspruch. Das mag in der Theorie richtig sein, taugt aber nicht für die Praxis.* Damit stellt er die Behauptungen der selbst ernannten Realisten auf den Kopf. Natürlich widerstreiten Vernunftideen den Behauptungen der Erfahrung. Dazu sind Ideen ja da. Ideale sind nicht daran messbar, ob sie der Realität entsprechen; die Realität wird danach beurteilt, inwieweit sie den Idealen gerecht wird. Die Aufgabe der Vernunft ist es sicherzustellen, dass die Erfahrung nicht das letzte Wort hat – und die Vernunft soll uns dazu antreiben, den Horizont unserer Erfahrung zu erweitern, indem sie uns Ideen liefert, denen die Erfahrung gehorchen soll. Wenn viele von uns das tun, wird es auch so sein.

Die Welt wird verändert, wenn bestimmte Ideen als normal durchgesetzt werden. Ein vergessenes Beispiel: Während des Vietnamkrieges war der einfachste Weg, der Wehrpflicht zu entgehen, jedem bekannt. Man musste sich nur als Schwuler inszenieren, denn erst seit Obama dürfen Schwule und Lesben dem Militär offiziell dienen. Nun kannte ich damals Männer, die nach Kanada flohen; Männer, die in den Knast gingen; selbst Männer, die sogar nach Vietnam fuhren. Unter diesen Männern, die sich allesamt als linke Kriegsgegner verstanden, kannte ich aber keinen, der bereit war, auch nur eine halbe Stunde lang den Schwulen zu spielen, obwohl in durchzechten Nächten oft Witze darüber gemacht wurden. Alle hatten Angst vor Gerüchten, die entstehen könnten: »Er hat es nicht nur gespielt, er ist ja wirklich schwul!«

Heute leben wir in einer Welt, in der gleichgeschlechtliche Ehen sogar in konservativen Ländern wie Spanien, Irland und den USA gefeiert werden und eine CDU-Kanzlerin Donald Trump wegen seiner Diskriminierung sexueller Orientierungen ermahnt. Freilich hat die überraschend breite Akzeptanz der gleichgeschlechtlichen Liebe auch dunkle Seiten. Neoliberale können sich als liberal präsentieren, wenn sie nur niemanden aufgrund bestimmter Zugehörigkeiten herabsetzen; grundsätzlich müssen sie nichts ändern. Dennoch ist die Gleichbehandlung von Lesben und Schwulen ein Fortschritt, der vor einer Generation unvorstellbar war. Glauben Sie immer noch, dass Ideen wie Gerechtigkeit die Welt nicht ändern können?

Die Kehrseite der Beobachtung ist genauso klar: Die Welt wird sich ändern, wenn jene Politik, die Trump zum Präsidenten machte, zur Normalität erklärt wird. Der Hang zur Normalisierung ist verständlich: Wer will schon jeden Morgen mit dem Gedanken aufwachen, dass die Welt in eine wirkliche Krise geraten ist? Diesem Hang hat Kanzlerin Merkel widerstanden, als sie am Tag nach den Wahlen eine beispiellos undiplomatische Rede hielt, in der sie Trump an alle Werte erinnerte, die er während seiner Kampagne mit Füßen trat. Man kann nur hoffen, dass andere Politiker den Mut finden, sich ein Beispiel an ihr zu nehmen.

Es ist anstrengend, der Normalisierung stets zu widerstehen; es ist mühselig, immer vor Nationalisten zu warnen, die zum Beispiel die Leistungen der deutschen Vergangenheitsaufarbeitung als Schande demontieren.

Wer heute als Bürger Orientierung im Denken und Handeln sucht, mag als Erstes nicht Kant lesen – eine wertvolle, aber langwierige Aufgabe –, sondern George Orwells kurzen Aufsatz *Politik und die englische Sprache.* Orwell schrieb zwar über die englische Sprache und die Politik Großbritanniens der 1940er-Jahre, aber seine Worte sind brandaktuell. Es gibt bis heute keine bessere Beschreibung der Beziehung zwischen der Korruption der Sprache und der Korruption der Politik:

> »Unsere Zivilisation ist dekadent, und auch unsere Sprache – so wird argumentiert – müsse notgedrungen Teil des allgemeinen Zerfalls sein. Daraus wird geschlossen, dass ein jeder Kampf gegen Sprachmissbrauch archaisch und sentimental sei, wie eine Präferenz für Kerzen gegenüber elektrischem Licht oder für Kutschen gegenüber Flugzeugen. Darunter

> liegt der halbbewusste Glaube, dass Sprache ein natürliches Gewächs sei – statt ein Instrument, das wir für unsere Ziele gestalten.«

Deutsche Leser können auch Victor Klemperers *LTI* nachschlagen. Diese akribische Analyse zeigt, wie die Nazis die deutsche Sprache veränderten, um das Volk leichtgläubiger für ihre Ideologie zu machen. Klemperers Verständnis von Sprachkritik als Notwehr hat auch heute noch viel zu bieten.

Demokratie braucht Bürger, die in der Lage sind, ihre Wörter zu reflektieren. Wir schlucken oft Phrasen, ohne uns über deren Bedeutung bewusst zu werden. Mit Phrasen wie »Verantwortung gegenüber unseren Aktionären« verkleidet der Neoliberalismus seinen Grundsatz *Gewinn über alles* in schönen, moralischen Farben; wer will schon gegen Verantwortung klagen? Der wohlgemeinte Ruf nach Toleranz ignoriert die Tatsache, dass man im Alltag nicht nur jenes toleriert, was man nicht mag, sondern vielmehr das, wogegen man nichts tun kann: Schmerzen, Lärm, Gestank. Ein Rechtsnationalist, den man zur Toleranz ermahnt, wird nur an seine Machtlosigkeit erinnert. Viel stärker wirkt ein Appell an die Solidarität, mit einem Hinweis auf die Bereicherungen, die entstehen, wenn mehrere Kulturen zusammenkommen.

Es ist bezeichnend, dass die Nationalisten in Städten, wo täglich mehrere Kulturen miteinander leben, die Minderheit stellen. Selbst in Ländern, wo die Anzahl der Rechtsnationalisten wächst, werden Großstädte wie London, Paris oder Rotterdam von Bürgermeistern ausländischer Herkunft regiert. Dies muss nicht zur Einheitskultur führen. Im Gegenteil: Wenn man andere Kulturen nicht nur toleriert, sondern genießt, wird es leichter, auch die eigene Kultur zu schätzen. Solidarität mit anderen Kulturen darf aber nicht nur ein Appell bleiben, sondern muss auch feste Unterstützung mit einschließen. Ein Zeichen setzte Präsident Obama, als er bei seiner letzten Europareise erst Athen und dann Berlin besuchte.

Europa kann ein Beispiel dafür geben, wie kulturelle Vielfalt mit politischer Einheit zusammenkommt – nämlich dann, wenn Europa seine eigenen Ideale (wieder)entdecken würde. Für viele Europäer ist Europa heute nur ein Binnenmarkt, betrieben von einer Bürokratie in Brüssel, die selbst wiederum von der neoliberalen Wirtschaft bestimmt wird. Zu einer Zeit, wo man täglich über das Ende der EU spekuliert, kann es tollkühn erscheinen, Europa zu preisen. Doch Außenseiter sehen manches deutlicher als die Europäer selbst. Für sie bleibt Europa trotz aller Schwierigkeiten nicht nur ein Ort, wo hundertjährige Kriege durch friedliche Verhandlungen ersetzt wurden, sondern auch ein Ort, wo die Ideale einer sozialen Solidarität lebendig praktiziert werden; wo medizinische Versorgung, Wohnen und Bildung nicht nur als Güter, sondern als Rechte verstanden werden. Für Menschen von Dakar bis Dallas ist Europa ein Ort, wo Rechtsstaatlichkeit in hohem Maß herrscht und Gleichheit vor dem Gesetz anerkannt wird.

Jeder, der Zeitung liest, weiß aber auch, wie oft Europa seine eigenen Ideale verletzt. Es liegt an den Bürgern Europas selbst, darauf zu bestehen, dass Europa seinen besten Qualitäten treu bleibt. Zunächst müssen die Bürger erkennen, dass kein anderer Ort der Welt so viel für demokratische, ja, sozialdemokratische Werte tut wie dieses oft so beschimpfte Europa. Identitäten werden auf Traditionen aufgebaut, die von Musik über Feste bis hin zu Idealen reichen. Europa darf nicht mehr verstanden werden als etwas, das wir nur ertragen, sondern als etwas, das wir aktiv anstreben.

Vor zwei Jahren kritisierte mich ein Politiker der Grünen, als ich behauptete, Europa sei ein Bollwerk der Demokratie gegen Russland auf der einen und den USA auf der anderen Seite – wobei ich erklärte, dass der uneingeschränkte Einfluss des Geldes auf die amerikanische Politik dabei sei, die Demokratie zu unterhöhlen. Jener Politiker ermahnte mich, ich solle nicht die Verhältnisse in Russland mit denen in den USA vergleichen. Heute, vermute ich, würde er anders reagieren. Wird Trump Europa dazu bringen, seine eigenen Tugenden neu schätzen zu lernen, und auch viele Europäer dazu bewegen, sich zivilgesellschaftlich dafür zu engagieren? Dies bleibt nicht nur für Europa die beste Hoffnung, die wir haben.

Ideale werden mit Sprache ausgedrückt; wir haben kein anderes Mittel. Wer seine Sprache überprüft, wird auch lernen, die theoretischen Annahmen zu prüfen, die dahinterstehen. Der postmoderne Glauben, dass Ansprüche auf Wahrheit und Gerechtigkeit reine Machtansprüche seien, durchseucht unseren Alltagsdiskurs. Überlegen Sie sich, wie oft Sie die Meinung ausdrücken, dass Wahrheit und Gerechtigkeit nur Fragen der Perspektive sind. Ein Professor, der solche Meinungen seiner Studierenden nicht mehr hören konnte, begann ein Experiment: Er gab den besten Aufsätzen die schlechtesten Noten und umgekehrt. Nachdem die Studierenden protestierten, dies sei ungerecht, erwiderte er, dass er nach deren eigenen Denkweisen gehandelt habe. – Ich weiß nicht, ob die Studierenden nachhaltig überzeugt waren.

Mein Lieblingsbeispiel, sozusagen, ist das Opfern von Kleinkindern in den Idolen aus Bronze, die von Verehrern des Götzen Moloch gefertigt wurden. Um die Schreie der brennenden Kinder zu übertönen, haben die Priester laut getrommelt. Kann jemand, der solche Szenen vorstellt, wirklich behaupten, es sei nur eine Frage der Kulturperspektive? Konkrete Beispiele der Grausamkeit zeigen, dass wir tatsächlich an Wahrheit und Gerechtigkeit glauben sollten. Was hindert Sie daran, Ihre Theorien mit der Wirklichkeit zu konfrontieren?

Ich habe oben einige etablierte Geschichtsbilder infrage gestellt: »Trump- bzw. AfD-Anhänger sind die armen Abgehängten der Globalisierung«; »Die DDR war nichts als die zweite deutsche Diktatur« und so weiter. Unser Geschichtsverständnis bestimmt unsere Welt, denn unsere Vorstellungen von der Vergangenheit beeinflussen unsere Vorstellungen über eine mögliche Zukunft. Ideologien müssen infrage gestellt werden, vor allem dann, wenn man sie als Selbstverständlichkeiten darstellt.

Ich schreibe in einer Zeit, wo nichts einfacher wäre, als mich dem Geschichtspessimismus anzuschließen. Dem widerstrebe ich, doch nicht, weil ich Optimistin bin. Optimismus ist eine Verkennung der Tatsachen; Hoffnung zielt darauf, Tatsachen zu ändern. Hoffnung als Ideal zu verstehen, bedeutet, dass sie nicht einfach gegeben ist, sondern errungen werden muss. Wenn unsere Fähigkeit zum Guten so ausgeprägt ist wie die Fähigkeit zum Bösen, warum zieht uns dann Letztere an?

Pessimismus ist in Mode. Früher waren es die Konservativen, die den fortschreitenden Untergang der Welt betonten, und das war konsequent. Heute sind auch Menschen, die zum sogenannten fortschrittlichen politischen Lager gehören, nicht mehr bereit, das Wort *Fortschritt* in den Mund zu nehmen – jedenfalls nicht ohne Gänsefüßchen. Denn der Begriff von Fortschritt, der in vielen Köpfen spukt, wird von den Neoliberalen eingenommen, für die Fortschritt uneingeschränktes ökonomisches und technologisches Wachstum ist. Wenn das unter Fortschritt verstanden wird, wen wundert es dann, dass Fortschritt als etwas Schlechtes betrachtet wird?

Der Aufklärung ging es um moralischen Fortschritt. Wirtschaftliches und technisches Wachstum können als Mittel zur Bekämpfung von Armut und Krankheit dazu beitragen, galten aber nie als Ziele an sich. Die moralischen Fortschritte, die die Aufklärung brachte, von der Abschaffung der Folter und der Sklaverei bis hin zur Einführung der Ideen von Bürger- und Menschenrechten, sind offensichtlich. Und die Tatsache, dass es heute möglich ist, Menschenrechte zu verletzen und Folter wieder einzuführen, beweist nur eines: Fortschritt ist nicht unvermeidlich, sondern liegt in Menschenhänden. Wir müssen an den Zeichen des Fortschritts festhalten, denn sie sind nicht zum Ausruhen, sondern zum Anfeuern da. Zynismus wird von den Rechten benutzt, um Resignation zu befördern, damit wir uns nicht weiter bemühen, Fortschritte zu machen.

Ich vermute, die Angst davor, uns an die guten Nachrichten zu erinnern oder lauthals Ideale zu verkünden, entstammt etwas Primitivem: der Befürchtung, als Naivlinge ausgelacht zu werden. Diese Angst vor Peinlichkeit sollte uns eigentlich peinlich sein, doch wir verhalten uns zu oft wie diejenigen, die sich nicht trauen, auf die Nacktheit des Kaisers hinzuweisen. Nun ist ein Möchtegern-Weltkaiser schon bloßgestellt, und die Stimmen, die aus Amerika hallen, tönen endlich unbefangen. Der Widerstand gegen den Rechtsnationalismus hat dort bereits begonnen. Noch ist es überhaupt nicht klar, ob die Nationalisten am Ende gewinnen. Welche Europäer möchten sich anschließen?

Danksagung

Dieses Büchlein ist auf Einladung des Publishers Klaus Altepost geschrieben worden; ohne seine Anregung würde es nicht existieren. Gespräche mit Dominic Bonfiglio, Jennifer Stollman und Beny Wagner haben meine Gedanken gefördert und herausgefordert – auch wenn keiner meiner Gesprächspartner völlig mit dem Ergebnis ihrer Bemühungen einverstanden sein mag.

Zur Autorin

Die Philosophin Susan Neiman ist Direktorin des Einstein Forums in Potsdam. 1955 in einer jüdischen Familie in Atlanta, USA, geboren, verließ sie mit 14 die Schule, engagierte sich in der Anti-Vietnamkrieg-Bewegung und studierte Philosophie in Harvard und an der FU Berlin. Sie war Professorin an der Yale University und der Universität von Tel Aviv mit den Schwerpunkten Moralphilosophie und politische Philosophie. Auf Deutsch erschienen von ihr bisher *Das Böse denken* (2004), *Fremde sehen anders* (2005), *Moralische Klarheit* (2010), *Warum erwachsen werden?* (2015) sowie zahlreiche Aufsätze und Zeitungsbeiträge.